AF565758

Die *kleine*
Bibliothek der
positiven Gefühle

Selbstliebe

Sei gut zu dir

Geschichten & Gedichte
voller Selbstfürsorge

arsEdition

Inhalt

DAS GRÜNE HAUS

Paula Dehmel

Ja, es ist ein grünes Haus, in dem ich wohne […]. Es ist nicht etwa grün angestrichen wie ein Gartenzaun oder eine Blumenbank – nein, das wäre hässlich, die Menschen verstehen noch immer nicht die Farben so gut zu mischen wie der liebe Gott –, mein Haus ist anders grün, und auch nur im Sommer. Dann wachsen die Haselsträucher und die Kletterrosen so dicht an den Mauern, dass man vor lauter Grün nicht in die Fenster sehen kann, trotzdem sie ganz niedrig liegen; und wenn der Wind kommt, weht er Laub und Blütenblätter über meinen Schreibtisch; und manche kleine Raupe und manches Käferchen ist schon über meine Märchen gekrochen.

In diesem grünen Hause wohne ich mit meinen drei Kindern, der Detta, dem Peter und der kleinen Liselotte, die noch nicht in die Schule geht und ein großer Wildfang ist, sodass ich meine liebe Not mit ihr habe. Denkt nur, neulich wollte sie durchaus die Blumen von meinem neuen Sommerhut abpflücken; und weil ich ihr das nicht erlauben konnte, hat sie so mörderlich geschrien, dass ich sie mit allen Kleidern in die Badewanne setzen und die kalte Brause aufmachen musste. Da bekam sie einen Schreck und wurde still.

Detta und Peter sind schon verständiger; wenn sie sich nicht so oft streiten würden, wäre ich ganz zufrieden mit ihnen, aber das können sie sich nicht abgewöhnen.

Unser Vater ist in die weite Welt gegangen, um das Glück zu suchen, und so sind wir allein in dem grünen Hause. Nein, doch nicht! Außer uns ist noch Dido, der Teckel da, der alle Menschen anbellt, die am Gartenzaun vorbeigehn, und die alte Guste, die Kartoffeln schält und die Stuben aufräumt, denn das tue ich nicht gern. Sonst aber bin ich eine richtige Mutter wie eure Mutti auch und kann Mittag kochen und nähen, wie sich das gehört.

Nachmittags, wenn die Kinder fertig mit arbeiten sind, gehn wir in den Wald hinaus, der dicht vor unserm grünen Hause liegt, oder an den kleinen Schilfsee. Da dürfen die Kinder spielen und in den Kahn klettern, der am Ufer angebunden ist, und so tun, als ob sie rudern; oder sie können die Enten füttern, die auf dem See schwimmen. Wenn die Sonne untergeht, freuen wir uns über die leuchtenden, goldroten Kiefernstämme und über die rosa Wolken, die am Himmel stehn.

Ist das Wetter nicht schön, bleiben wir zu Hause und machen Musik. Detta kann schon kleine Stücke auf der Geige spielen, und ich begleite sie auf dem Klavier, das klingt fein. Oder wir singen zusammen schöne Volkslieder, lustige und traurige. Die alte Guste sitzt dann auch mit dem Strickzeug dabei und hört zu, und der Dido rührt sich nicht aus dem Zimmer, auch der hört gern Musik.

An warmen Abenden, wenn die größeren Kinder draußen Zeck und Versteck spielen, setze ich mich auf die Veranda, nehme die Liselotte auf den Schoß und erzähle ihr was.

Am liebsten hört sie die Geschichte von Freund Husch. Das ist der kleine Nachtgeist, der mit seiner Glühwürmchenlaterne hin und her läuft und nachsieht, ob all seine Schnecken- und Käferkinder artig eingeschlafen sind.

Wenn der Mond in den Garten scheint, singe ich den Kindern das Lied von der Prinzessin Mirlamein vor, die im Monde sitzt und spinnt und die langen glitzernden Fäden über die Welt wirft, damit die Menschen schöne, helle Träume bekommen.

Zuletzt, wenn die Kinder schlafen und alles mäuschenstill ist, gehe ich in den Garten hinaus, wo mein lieber Nussbaum steht, mit seinen glänzenden, wohlriechenden Blättern.

Um ihn her ist eine Bank gezimmert; ich setze mich darauf, lehne den Kopf gegen den Stamm und mache die Augen zu. Wie schön das ist! Leise rauschen die Blätter, ich höre Töne, Worte, und bald werden es ganze Geschichten, die mir der Baum zuflüstert. Stundenlang kann ich so zuhören und aufmerken, was er erzählt.

Manchmal wirft auch eine kleine Grille oder ein Nachtvogel ein paar Worte dazwischen, oder ein Fröschlein gibt etwas von seiner Weisheit dazu.

Das Beste aber sagt mir der Nussbaum; und ich bewahre es wohl in meinem Sinn. So sitz ich an manchem Sommerabend unter seiner Krone, und wenn ich genug von seinen Märchen weiß, gehe ich zurück ins grüne Haus und setze mich an den Schreibtisch. Da steht der große, geschnitzte Lederstuhl, da liegt meine Feder und ein Päckchen weiße Blätter, da kann ich aufschreiben, was mir das Nussbäumchen erzählt hat […].

MONDNACHT

Joseph von Eichendorff

Es war, als hätt' der Himmel
die Erde still geküsst,
dass sie im Blütenschimmer
von ihm nun träumen müsst'.

Die Luft ging durch die Felder,
die Ähren wogten sacht,
es rauschten leis die Wälder,
so sternklar war die Nacht.

Und meine Seele spannte
weit ihre Flügel aus,
flog durch die stillen Lande,
als flöge sie nach Haus.

Die Welt gehört dem,
der sie genießt.

Giacomo Leopardi

DER SPAZIERGANG

Robert Walser

Vor einem bildsaubern und hübschen Haus sah ich, hart an der schönen Straße, eine Frau auf einer Bank sitzen, und kaum hatte ich sie erblickt, so erkühnte ich mich auch bereits sie anzusprechen, indem ich unter möglichst artigen und verbindlichen Wendungen Folgendes vorbrachte:

»Verzeihen Sie, wenn sich mir, einem Ihnen völlig unbekannten Menschen, bei Ihrem Anblick die eifrige und sicherlich dreiste Frage auf die Lippe drängt, ob Sie nicht vielleicht ehemals Schauspielerin gewesen seien. Sie sehen nämlich ganz und gar wie eine einstmals verwöhnte, gefeierte große Schauspielerin und Bühnenkünstlerin aus. Gewiss wundern Sie sich mit größtem Recht über die so verblüffend waghalsige kecke Anrede und Anfrage; aber Sie haben ein so schönes Gesicht, ein so gefälliges, nettes, und ich muss beifügen, so interessantes Aussehen, zeigen eine so schöne, edle, gute Figur, schauen so grad und groß und ruhig vor sich hin, auf mich und überhaupt in die Welt hinein, dass ich mich unmöglich habe zwingen können, an Ihnen vorüberzugehen, ohne gewagt zu haben, Ihnen etwas Artiges und Schmeichelhaftes zu sagen, was Sie mir hoffentlich nicht übel nehmen werden, obschon ich fürchten muss, dass ich wegen meiner Leichtfertigkeit Strafe und Missbilligung verdiene. Als ich Sie sah, kam ich augenblicklich auf den Gedanken, dass Sie Schauspielerin gewesen sein müssten, und heute, so dachte ich bei mir, sitzen Sie nun hier an der einfachen, wenn auch gleich schönen Straße, vor dem hübschen kleinen Laden, als dessen Inhaberin Sie mir vorkommen. Sie sind vielleicht bis heute noch von keinem Menschen hier so ohne alle Umstände angeredet worden. Ihr freundliches und zugleich anmutiges Äußeres, Ihre liebenswürdige, schöne Erscheinung, Ihre Ruhe, Ihre feine Gestalt und Ihr edles, munteres Aussehen bei vorgerücktem Alter, das Sie mir erlauben wollen anzumerken, haben mich ermutigt, ein zutrauliches Gespräch auf offener Straße mit Ihnen anzufangen. Auch hat der schöne Tag, dessen Freiheit und Heiterkeit mich beglücken, eine Fröhlichkeit in mir angezündet, mit welcher ich vielleicht der unbekannten Dame gegenüber etwas zu weit gegangen bin. Sie lächeln! Dann sind Sie also über die ungezwungene Sprache, die ich führe, keineswegs böse. Es dünkt mich, wenn ich so sagen darf, schön und gut, dass dann und wann zwei unbekannte Menschen frei und harmlos miteinander reden, wozu wir Bewohner dieses irrenden, seltsamen Planeten, der uns ein Rätsel ist, ja schließlich Mund und Zunge und die sprachliche Fähigkeit haben, welch Letztere an und für sich schon so schön und seltsam ist. Jedenfalls haben

Sie mir, als ich Sie sah, sogleich herzlich gut gefallen; doch ich muss mich nun respektvoll entschuldigen, und ich möchte Sie bitten, überzeugt zu sein, dass Sie mir die wärmste Ehrfurcht einflößen. Kann das offene Geständnis, dass ich sehr glücklich war, als ich Sie sah, Sie veranlassen, mir zu zürnen?«

»Vielmehr muss es mich freuen«, sagte die schöne Frau heiter; »aber bezüglich Ihrer Vermutung muss ich Ihnen eine Enttäuschung bereiten. Ich bin nie Schauspielerin gewesen.«

Worauf ich mich bewogen fühlte zu sagen: »Ich bin vor einiger Zeit in diese Gegend aus kalten, traurigen, engen Verhältnissen, krank im Innern, ganz und gar ohne Glauben, ohne Zuversicht und Zutrauen, ohne jegliche schönere Hoffnung hergekommen, mit der Welt und mit mir selber entfremdet und verfeindet. Ängstlichkeit und Misstrauen nahmen mich gefangen und begleiteten jeden meiner Schritte. Stück um Stück verlor ich dann das unedle, hässliche Vorurteil. Ich atmete hier wieder ruhiger und freier – und wurde wieder ein schönerer, wärmerer, glücklicherer Mensch. Die Befürchtungen, die mir die Seele erfüllten, sah ich nach und nach verschwinden; Trauer und Öde im Herzen und die Hoffnungslosigkeit verwandelten sich allgemach in heitere Befriedigung und in einen angenehmen, lebhaften Anteil, den ich von Neuem fühlen lernte. Ich war tot, und jetzt ist es mir, als habe mich jemand gehoben und gefördert. Wo ich viel Unschönes, Hartes und Beunruhigendes erfahren zu müssen geglaubt habe, treffe ich den Liebreiz und die Güte an und finde ich alles Ruhige, Zutrauliche und Gute.«

»Umso besser«, sagte die Frau mit freundlicher Miene und Stimme.

Da mir der Augenblick gekommen zu sein schien, die ziemlich mutwillig begonnene Unterhaltung zu beendigen und mich zu entfernen, so grüßte ich die Frau, die ich für eine Schauspielerin gehalten hatte, die jedoch jetzt leider keine große und berühmte Schauspielerin mehr war, weil sie selbst es für nötig gefunden hatte zu bestreiten, mit, ich darf wohl sagen, ausgesuchter, sehr sorgfältiger Höflichkeit, indem ich mich vor ihr verneigte, und ging friedlich, wie wenn weiter gar nichts geschehen wäre, weiter.

Die Selbstkritik hat viel für sich.
Gesetzt den Fall, ich tadle mich,
so hab ich erstens den Gewinn,
dass ich so hübsch bescheiden bin;
zum Zweiten denken sich die Leut:
Der Mann ist lauter Redlichkeit;
auch schnapp ich drittens diesen Bissen
vorweg den andern Kritiküssen;
und viertens hoff ich außerdem
auf Widerspruch, der mir genehm.
So kommt es dann zuletzt heraus:
dass ich ein ganz famoses Haus.

Wilhelm Busch

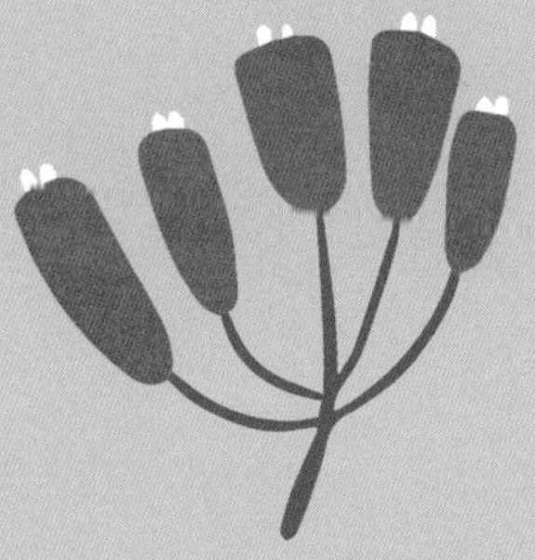

Warte nicht darauf,
dass die Menschen dich anlächeln.
Zeige ihnen, wie es geht!

Astrid Lindgren

BRIEFE

Jane Austen

An Cassandra Austen,
6. November 1813

Meine liebste Cassandra,

da mir bis zum Frühstück noch eine halbe Stunde bleibt (so gemütlich, allein in meinem Zimmer, herrlicher Morgen, schönes Feuer im Kamin, denk Dir nur …), will ich Dir ein wenig von den letzten beiden Tagen berichten. Wir haben nur die Brittons auf der Burg Chilham getroffen. Ein Mr. und eine Mrs. Osborne übernachteten noch im Haus sowie eine Miss Lee, insgesamt waren wir nur vierzehn. Mein Bruder und Fanny waren der Meinung, dass dies die angenehmste Gesellschaft war, die sie dort je angetroffen hätten. Ich selbst hatte an dem Klatsch und Tratsch meinen Spaß. Ich wollte schon immer mal Dr. Britton kennenlernen, und über seine Gattin mit ihrer theatralischen Vornehmheit und Eleganz habe ich mich prächtig amüsiert. Sie bewundert Crabbe, weil es sich eben gehört. Sie ist schon alt genug, um vernünftig zu sein, bestimmt zehn Jahre älter als ich. Übrigens, dass ich nun selbst nicht mehr ganz jung bin, lässt sich doch ganz gut aushalten durch die vielen douceurs, die mir als Anstandsdame zustehen, denn ich darf auf dem Sofa neben dem Kamin sitzen und so viel Wein trinken, wie ich will. Am Abend wurde musiziert, Fanny und Miss Wildman haben gespielt, und Mr. James Wildman saß dicht dabei, lauschte oder tat jedenfalls so. Der gestrige Tag war ein einziges Vergnügen. Zuerst, vor dem Frühstück, unterhielt uns Sir Brook Bridges, danach besuchte uns Mr. Sherer, dann machte Lady Honeywood auf ihrem Weg von Eastwell nach Hause einen Zwischenstopp bei uns, dann verabschiedeten wir Sir Brook und Edward, dann, um halb fünf, speisten wir (zu fünft), anschließend gab es Kaffee, und um sechs brachen Miss Clewes, Fanny und ich auf. Es war ein herrlicher Abend für unsere Lustbarkeiten. Wir waren sogar zu früh da, bald aber kamen auch Lady Dorothy Bridges und ihre beiden Begleiterinnen. Wir hatten Plätze für sie freigehalten, und so saßen wir alle zu sechst in einer Reihe entlang der Wand, ich zwischen Lucy Foote und Miss Clewes. Lady Bridges war genau so, wie ich sie mir vorgestellt habe. Ich war mir nicht sicher, ob sie wirklich hübsch oder eher bieder war. Mir gefiel, mit welcher Eile sie das Konzert hinter sich bringen und aufbrechen wollte, und dann auch mit großer Entschlossenheit und ohne große Umstände aufbrach, wobei sie sich Komplimente, Theater oder viel Aufhebens »der lieben Fanny wegen« sparte, welche den halben Abend mit ihren Freunden, den Plumptres, in einer gegenüberliegenden Ecke des Saales saß. Ich verliere mich in Details und gehe jetzt frühstücken.

Seit meinem letzten Brief blicke ich gebannt auf meine zweite Auflage von ›Verstand und Gefühl‹. Ich hoffe so sehr, dass viele sich verpflichtet fühlen, sie sich zu kaufen. Sie können es meinetwegen ruhig als lästige Pflicht empfinden, Hauptsache, sie kaufen sie. Mary hat zu Hause vor ihrer Abfahrt gehört, dass man es in Cheltenham sehr bewundert und Miss Hamilton ein Exemplar erhalten hat. Es freut mich, dass eine so angesehene Schriftstellerin es liest. Was für ein Wetter! Und was für Neuigkeiten über Wellingtons Sieg in Spanien! Beides erfüllt uns mit Bewunderung. Ich hoffe, du freust dich genauso. Ich habe meinen Horizont und den Kreis meiner Bekannten in den letzten Tagen beträchtlich erweitert. Du kennst ja Lady Honeywood. Ich habe nicht nahe genug bei ihr gesessen, um ein fertiges Urteil abzugeben, aber mir erschien sie über die Maßen hübsch, und ihre Umgangsformen bestechen durch Ungezwungenheit, gute Laune und das Fehlen von Affektiertheit. Und wie sie, ansehnlich gekleidet, mit vier Pferden herumfährt, ist sie geradezu eine vollkommene Frau. Oh, und dann habe ich gestern Abend Mr. Gipps gesehen, jenen Mr. Gipps, der nicht fehlen darf, und dessen Gefälligkeit, uns beim Einsteigen in die Kutsche zu helfen, uns in Ermangelung eines Besseren so genehm war wie vor uns Emma Plumptre. Ich fand, er ist ein recht gut aussehender kleiner Mann. – Der Abend senkt sich hernieder, und ich nehme meinen interessanten Bericht wieder auf. Die Deedes kommen frühestens am Dienstag. Aber Sophia wird da sein. Sie ist eine umstrittene Schönheit, die ich unter allen Umständen sehen möchte. Lady Elizabeth Hatton und Annamaria waren heute Vormittag zu Besuch. Ja, ein Besuch eben, mehr habe ich darüber nicht zu sagen. Sie kamen, saßen und gingen.

Sehr herzlich, Deine J. A.

Wir sind die Heldinnen
unserer eigenen Geschichte.

Mary McCarthy

Trag muntern Herzens deine Last,
und übe fleißig dich im Lachen,
wenn du an dir nicht Freude hast,
wirst andern du nicht Freude machen.

Paul Heyse

FLÖTE UND TROMMELN

Hilde Spiel

Ich trank den Wein am Tisch einer kleinen Trattoria, vor dem weißgetünchten, laubumwachsenen Haus. Der See schlug klatschend an den Steindamm. Die Strohkörbe der Fischer schaukelten. Schirokko wehte. Der schwere Duft des Ligusters machte mich matt. Ein kleines Mädchen bediente mich.

»Wie heißt du?«, fragte ich. »Elena«, sagte sie. »Darfst du schon Wein trinken, Elena? Komm, trink mit mir.«

Sie lachte und schenkte sich ein. Ich ließ sie schwätzen. »Morgen ist wieder Ball auf der Terrasse! Viele Offiziere und Ingenieure kommen aus dem Flughafen in Castiglione und aus unserer Flugzeugfabrik im Ort. Dann tanzen sie mit den Sommergästen.«

Ich lehnte mich zurück. »Gibt es viele Sommergäste bei euch?«

Sie nickte stolz. »Freilich«, sagte sie, »vielleicht vierzig, oder gar fünfzig! Sie wohnen alle im großen Albergo. Aber das Albergo ist teuer. Es ist sicher nichts für dich, wenn du nur eine einzige Reisetasche hast.«

Ich nickte. »Kann ich nicht bei euch im Haus wohnen, Elena?«

Sie schüttelte den Kopf. »Wir dürfen keine Zimmer vermieten«, sagte sie. »Aber ich werde zum Bürgermeister laufen und ihn fragen.«

Nach einer Weile kam sie zurück. »Er hat nichts dagegen! Ich habe ihm gesagt, dass eine hübsche junge Dame bei uns bleiben will.« Sie führte mich durchs Haus, durch einen Krämerladen, in dem eine blasse Frau Spezereien verkaufte. »Das ist meine Schwester Fulvia«, flüsterte sie. »Sie bekommt ein Kind.« Das gedunsene Gesicht der Frau blieb reglos, als sie mich grüßte. Wir stiegen eine Holztreppe hinauf und traten in einen kleinen Raum, in dem kaum mehr als ein Eisenbett Platz gefunden hatte. Ich sah ein Madonnenbild über der niedrigen Kommode. Vor dem Fenster hingen weiße Spitzen, dahinter sah man den See und eine dunstumhüllte Insel in seiner Mitte.

Das Zimmer sollte fünf Lire kosten. Es war mir recht. Ich räumte meine Tasche aus. Das Schinkenbein legte ich auf die Kommode.

»Komm, kleine Signorina«, sagte ich, »gehen wir schwimmen. Kannst du solange aus der Trattoria weg?«

Sie strahlte. »Ich werde meine Eltern fragen.«

Wir gingen hinunter. Ein leicht cholerischer Mann und eine dicke schlaue Frau kamen aus der Küche. Ich schüttelte ihnen die Hand. »Nehmen Sie Elena nur mit«, sagte sie.

Wir gingen am Ufer entlang zum Ende des Dorfes. Auf dem Weg rief Elena ein paar Freundinnen aus den Häusern. Dann liefen wir, eine schwatzhafte Schar, ins Schilf. Die Kleider lagen auf der Wiese. Wir reichten uns die Hände und tauchten in den See. Das Wasser schwang um uns, es war lau und prickelnd, vom Schirokko durchwühlt. Die letzte Sonne schillerte im Schilf und auf den nackten Mädchenleibern. Wir trieben weich in den Wellen, glitten aneinander vorbei und berührten uns an den glatten, umspülten Schultern. Dann ging die Sonne unter, wir rannten zurück, hüllten uns in Tücher und rollten uns im Gras. Der Wind wehte unsere Haare trocken.

In dieser Nacht konnte ich nicht schlafen, weil die heiße Luft vom See in mein kleines Zimmer geflogen kam. Ich saß auf dem Fensterbrett, hatte die Spitzen beiseitegeschoben und schaute in die leuchtende Finsternis. Zuerst hörte ich noch die leisen Klänge einer Tanzmusik. Dann verstummten sie. Nur die Strohkörbe ächzten noch im Wellenschlag, und Zikaden rasselten im Laubwerk. Manchmal fuhr ein Wagen vorbei, dann tanzten seine Lichter auf der Decke. Das finstere Wasser rollte und wand sich im Sturm, die Ligustersträucher streuten duftenden Blütenstaub umher. Ich zog die Knie an und umfasste sie mit meinen Armen und überdachte alles, was noch nicht bedacht worden war. Ich sah mein lebensfremdes Dasein vor jener Nacht, in der wir nach Bellinzona gekommen waren. Ich sah Konrad, der verschwunden war, sowie das Land Italien mich ergriff. Und ich hörte Grave in der Dunkelheit zu mir reden. Nun fing ich an, ihn zu begreifen. Nun lag die Welt nicht mehr hinter den bunten Schleiern meiner Träume. Die Schleier wichen. Und alle Gerüche, alle Farben, alle menschlichen Gesichter waren von einer neuen Eindringlichkeit. Ich stand umwogt von Erscheinungen, umschwirrt von Bildern, umleuchtet von ihrem klaren Glanz. Ich ging im Licht und Dunkel der Wirklichkeit meinen Weg. Es war nicht das, was Grave meinte. War es auch genug? Vielleicht wurde etwas von mir gefordert und ich erfüllte es nicht? Vielleicht lag irgendwo ein Sinn und ich erkannte ihn nicht? Nein, nur dies, das Sehen und Riechen und Fühlen, nur dieser unaufhörliche Rausch der Empfindsamkeit musste mein Teil sein auf Erden, und mir zugedacht! Die Welt mit meinen Sinnen trinken in jedem Augenblick, das Vergängliche lassen, das Eilende überholen, und eines Tages über die Schulter sich umblicken nach dem Entschwindenden und sie singen, die flüchtige Melodie.

Es kann die Ehre dieser Welt
dir keine Ehre geben,
was dich in Wahrheit hebt und hält,
muss in dir selber leben.

Wenn's deinem Innersten gebricht
an echten Stolzes Stütze,
ob dann die Welt dir Beifall spricht,
ist all dir wenig nütze.

Das flücht'ge Lob, des Tages Ruhm
magst du dem Eitlen gönnen;
das aber sei dein Heiligtum:
vor dir bestehen können.

Theodor Fontane

Um sagen zu können:
»Ich liebe dich«,
muss man zunächst sagen können:
»Ich«.

Ayn Rand

DIE PRINZESSIN VON BABYLONIEN

Selma Lagerlöf

Es war an einem dunklen Winterabend in der kleinen Hütte Skrolycka. Kattrinna, die Bäuerin, saß da und spann, und die Katze lag auf ihrem Schoß und spann auch, so gut sie konnte. Der Mann, Jan Andersson, saß am Herde und wärmte sich mit dem Rücken gegen das Feuer. Er war den ganzen Tag in Erik Fallas Wald gewesen und hatte Holz gehackt, da konnte niemand von ihm verlangen, dass er jetzt, wo er daheim war, noch eine andere Arbeit vornehmen sollte. Nicht einmal Kattrinna hatte etwas dagegen einzuwenden, dass er jetzt nichts anderes tat, als mit ihrem kleinen Mädchen spielte und plauderte, das diesen Winter in sein fünftes Jahr ging.

Kattrinna saß in ihren eigenen Gedanken da und hörte nicht viel darauf, was der Mann und das Kind miteinander schwatzten. Aber auf eines hielt sie strenge. Sie konnte es nicht leiden, wenn Jan der Kleinen sagte, dass sie so schön und besonders sei, und das tat er gar zu gerne. Denn wenn Klara Gulla schon als kleines Kind eine hohe Meinung von sich selbst bekam, dann wusste ja Kattrinna, dass nie und nimmer ein vernünftiges Frauenzimmer aus ihr werden konnte.

Jan trieb es zu arg, er kam auf alles Mögliche, was das Kind hoffärtig machen musste. Aber an diesem Abend war Kattrinna ganz ruhig, denn nun saß er da und erzählte von Dingen, die sich früher einmal in der Welt zugetragen hatten, zu der Zeit, als die Erde erschaffen wurde und die Menschen sie zu erfüllen begannen. Er war gerade dabei, die alte Geschichte vom Turm zu Babel zu erzählen, und da konnte man ja hoffen, dass er keine Gelegenheit finden würde, mit seinen gewohnten Torheiten zu kommen.

»Ja, und da haben sie Lehm herbeigeschleppt,« sagte Jan, »und sie haben Ziegel geschlagen, und Kalk haben sie gelöscht und ein Gerüst aufgerichtet, und mit jedem Tag ist der Turm höher geworden.

Sie haben schon gewusst, dass es unserem Herrgott nicht recht ist, wenn sie den Turm bauen, aber danach haben sie nicht viel gefragt. Denn sie hatten sich's einmal vorgenommen, sie wollten bis zum Himmel hinauf, um zu sehen, wie's dort ausschaut.

›Hört einmal, ihr guten Leute‹, hat da der liebe Gott gesagt, ›jetzt sag ich's euch aber zum letzten Mal: Wenn ihr nicht gleich von hier weggeht und mit der Bauerei aufhört, dann kann ich mir nicht helfen, ich muss ein Unglück über euch kommen lassen. Und das wird ein solches Unglück sein, das ihr nie loswerdet, und niemand kann euch dagegen helfen.‹

Aber die Menschen, die haben sich gedacht, ach was, unser Herrgott wird schon langmütig sein, wie gewöhnlich. Und sie haben weiter an ihrem Turm gebaut, und jeden Tag sind sie ein Stückel höher gekommen.

Da ist aber unser Herrgott hergegangen und hat ihre Sprache ganz durcheinandergebracht. Siehst, bis zu dem Tag haben sie so gesprochen, dass eins das andere verstanden hat, aber jetzt war's damit aus.

Wenn die Maurermeister jetzt sagen wollten: ›Gib mir Lehm!‹ Dann haben sie anstatt dessen gesagt: ›Fitzliputzli Fitzliputzli.‹ Und wenn die Lehrlinge haben fragen wollen, was sie denn meinen, da haben sie gesagt: ›Erbe, derbe, mirbe, marbe.‹ Na, da kann man sich nicht wundern, dass sie sich nicht verstanden haben.

Die Meister, die haben geglaubt, die Lehrlinge wollen sie zum Narren halten. Aber wenn sie sagen wollten: Sprecht doch ordentlich, dann haben sie gesagt: ›Ullen dullen dorf!‹ Na, und wenn die Lehrlinge fragen wollten, warum sie ein so böses Gesicht machen, da haben sie nichts anderes herausgebracht als: ›Abrakadabra?‹

Und da sind sie alle miteinander zornig geworden und sind sich in die Haare gefahren und haben zu raufen an gefangen.

Na, und von dem Tag an war's aus mit der Freundschaft zwischen den Menschen, und niemand hat mehr daran gedacht, weiter an dem Turm zu bauen, sondern ein jedes ist für sich gegangen.«

Als Jan in seiner Erzählung so weit gekommen war, schielte er zu Kattrinna hinüber. Der Spinnrocken stand stille, und es sah beinahe aus, als seien Frau und Katze eingeschlummert. Da nahm Jan seine Erzählung wieder auf. Er senkte die Stimme nur ein wenig.

»Aber unter all den anderen dort in Babylon, die an dem Turm gebaut hatten, war auch ein König und eine Königin, und die hatten eine kleine Prinzessin. Und auf einmal fängt auch dieses kleine Mädel an, so närrisch zu sprechen, dass ihre Eltern und alle anderen Leute nicht ein einziges Wort verstanden haben.

Da wollt' der König und die Königin sie nicht mehr auf ihrem Schloss behalten, sie haben sie fortgejagt, und sie musst' ganz mutterseelenallein in die große, weite Welt hinaus.

Da war sie natürlich ganz verzagt. Sie hat ja nicht gewusst, wem sie da unterwegs begegnen kann. Für einen Bären oder einen Wolf war es ja ein Kinderspiel, so eine kleine Prinzessin aufzufressen, wenn sie ihm in den Weg lief.

Aber so zart und fein sie auch war, so hat ihr doch niemand was zuleid getan.

Nein, im Gegenteil, alle, denen sie begegnet ist, sind freundlich auf sie zugegangen und haben ihr die Hand gegeben und gefragt, wo sie denn hinwill. Aber was sie zur Antwort gegeben hat, davon haben sie kein Wort verstanden, na, und da haben sie sich nicht weiter um sie gekümmert.

So lieb und fein, wie sie war, braucht' sie nur in die Schlösser und Burgen hinaufzukommen, da haben sie die Türen sperrangelweit aufgerissen und sie hineingehen lassen. Aber wenn sie den Mund aufgemacht und man ihre närrische Sprache gehört hat, da hat sie gleich wieder fortmüssen.

Na, und endlich, da war sie schon durch alle Königreiche gewandert, die's gibt, da kommt sie eines Abends spät in einen großmächtigen Wald, und als sie durch den Wald gegangen ist, da sieht sie eine kleine Hütte, die war so niedrig, dass sie grad noch durch die Tür durchkonnt', und da geht sie hinein und sagt ›Grüß Gott‹.

Da drinnen sitzt die Bäuerin und spinnt, und der Bauer sitzt am Herd und wärmt sich. Und wie sie sehen, dass ein Fremdes zur Tür hereinkommt, so sagen sie auch: ›Grüß Gott‹.

Da hat die kleine Prinzessin eine schreckliche Freude gehabt, denn da in der Hütte haben sie akkurat so gesprochen, dass sie sie verstehen konnt'. Aber sie war sehr vorsichtig, sie hat ihnen nicht gleich alles erklären wollen.

›Wie heißt denn diese Hütte?‹, hat sie gefragt, um sie auf die Probe zu stellen.

›Die heißt Skrolycka‹, haben sie gleich geantwortet, und da hat sie schon gemerkt, dass sie sie verstanden haben.

Und da war sie ganz wild vor lauter Freude, aber sie hat gemeint, es ist doch besser, wenn sie sie noch einmal auf die Probe stellt.

›Wie heißt denn die Sprache, die ihr hier im Haus sprecht?‹, hat sie gesagt.

›Das ist die värmländische Sprache‹, haben die Leute in der Hütte gesagt.

Und da ist die kleine Prinzessin zu ihnen hingegangen und hat sie gebeten, dass sie bei ihnen bleiben darf, denn hier wär' der einzige Ort auf der Welt, wo sie verstehen konnten, was sie geredet hat.

Aber wie sie zum Feuer hingekommen ist, da haben die Leute ja gesehen, dass sie eine kleine Prinzessin von Babylonien ist. Und da haben sie ihr gesagt, dass sie fehlgegangen sein muss. Und sie haben ihr gesagt, es könnt' ihr unmöglich bei ihnen gefallen. Die värmländische Sprache, die wär' ja überall, in jedem Haus, in der ganzen

Gegend hier herum bekannt, haben sie gesagt, sie könnt' überall hingehen, wo es ihr beliebt.

Aber die kleine Prinzessin, die hat auf diesem Ohr nicht gehört. ›Nein‹, hat sie gesagt, ›ich merk' schon, dass ich recht gegangen bin. Und hier will ich bleiben. Denn hier hat man eine Freude und einen Nutzen von mir.‹«

Die kleine Klara Gulla war ganz still auf Jans Schoß gesessen und hatte gelauscht, und ihre Augen waren vor Staunen immer runder und runder geworden. Aber als jetzt Jan zu erzählen aufhörte, saß sie zuerst ganz stumm da, dann drehte und wendete sie das Köpfchen und guckte sich alles in der Stube an, so, als hätte sie es noch nie gesehen.

»Ja, jetzt kann's ja noch so bleiben, wie's ist, eine Zeit lang«, sagte sie endlich. »Aber bis ich einmal groß bin, dann geh ich schon wieder dorthin zurück, wo ich her bin.«

Jan machte ein langes Gesicht. Und das Schlimmste war, dass Kattrinna jetzt wach war und den Schluss des Gesprächs gehört hatte.

»Ja, siehst du, das hast du davon, dass du dem Mädel immer einreden willst, dass sie gar so was Feines und Besonderes ist!«, sagte sie.

Ursprünglich eignen Sinn
lass dir nicht rauben!
Woran die Menge glaubt,
ist leicht zu glauben.

Natürlich mit Verstand
sei du beflissen;
was der Gescheite weiß,
ist schwer zu wissen.

Johann Wolfgang von Goethe

EINE TASSE TEE

Katherine Mansfield

Rosemary Fell war nicht eigentlich schön. Nein, schön hätte man sie nicht nennen können. Hübsch? Na ja, wenn man sie auseinandernahm … Aber warum denn so grausam sein und jemanden auseinandernehmen? Sie war jung, gescheit, äußerst modern, ausgesprochen gut gekleidet, erstaunlich belesen im Neuesten vom Neuen, und ihre Gesellschaften stellten die fantastischste Mischung dar von wirklich angesehenen Leuten und … Künstlern – seltsamen Gestalten, Entdeckungen von ihr, einige davon unbeschreiblich gräulich, aber andere ganz präsentabel und amüsant.

Rosemary war seit zwei Jahren verheiratet. Sie hatte einen ganz süßen Jungen. Nein, nicht Peter – Michael. Und ihr Mann vergötterte sie geradezu. Sie waren reich, wirklich reich, nicht nur mit allerhand Gütern gesegnet, was abscheulich spießig ist und sich nach Großvaters Zeiten anhört. Doch wenn Rosemary einkaufen gehen wollte, dann fuhr sie nach Paris, so wie unsereins in die Bond Street ging. Wenn sie Blumen kaufen wollte, dann hielt ihr Wagen vor diesem hochnoblen Geschäft in der Regent Street, und drin im Laden beäugte Rosemary alles auf ihre verwirrende, ziemlich exotische Art und sagte: »Ich möchte die und die und die. Geben Sie mir vier Sträuße von denen da. Und diesen Krug Rosen. Ja, ich möchte alle Rosen aus dem Krug. Nein, keinen Flieder. Ich hasse Flieder. Er ist so unförmig.« Der Verkäufer verneigte sich und räumte den Flieder aus den Augen, als ob das nur zu wahr wäre; Flieder war schrecklich unförmig. »Geben Sie mir diese kurzstängligen kleinen Tulpen. Die roten und weißen da.« Und ein dünnes Ladenmädchen folgte ihr zum Auto, es schwankte unter der Last eines riesigen Pakets auf den Armen, das an ein Baby in langem weißem Kleidchen erinnerte …

An einem Winterabend hatte sie etwas in einem kleinen Antiquitätengeschäft in der Curzon Street gekauft. Es war ein Laden ganz nach ihrem Geschmack. Zum einen hatte man ihn gewöhnlich ganz für sich. Zum andern bereitete es dem Inhaber geradezu ein lächerliches Vergnügen, sie zu bedienen. Er strahlte immer, wenn sie kam. Er faltete die Hände; kaum dass er sprechen konnte, so erfreut war er. Natürlich Schmeichelei. Trotzdem war da etwas …

»Sehen Sie, Madam«, pflegte er in leisem, respektvollem Ton zu erklären, »ich liebe meine Dinge. Eher möchte ich mich nicht davon trennen, als dass ich sie jemandem verkaufe, der sie nicht zu schätzen weiß, dem das feine Empfinden fehlt, das so selten ist …« Und tief atmend rollte er ein winziges, viereckiges Stückchen blauen Samt auf und drückte es mit blassen Fingerspitzen auf die gläserne Ladentafel. Heute war es eine kleine Dose. Er hatte sie für sie aufgehoben. Er hatte sie noch niemandem gezeigt. Eine köstliche kleine Emaildose mit einer so feinen Glasur, dass sie wie aus Creme gebacken aussah. [...]

Ja, die Dose gefiel ihr sehr. Sie fand sie entzückend; sie war ganz allerliebst. Sie musste sie haben. Und wie sie so die cremefarbene Dose drehte und wendete, den Deckel auf- und zumachte, konnte sie nicht umhin festzustellen, wie reizend sich doch ihre Hände von dem blauen Samt abhoben. Der Händler mochte ganz im Geheimen gewagt haben, das Gleiche zu denken. Denn er nahm einen Bleistift, beugte sich über den Ladentisch, und seine blassen, blutleeren Finger krochen scheu auf diese rosigen, strahlenden zu, als er leise murmelte: »Wenn ich Madam die Blumen auf dem Mieder der kleinen Damen zeigen dürfte.« »Entzückend!« Rosemary bewunderte die Blumen. Aber wie hoch wäre denn der Preis? Einen Augenblick schien der Händler nichts zu hören. Dann drang ein Murmeln zu ihr: »Achtundzwanzig Guineen, Madam.«

»Achtundzwanzig Guineen.« Rosemary regte sich nicht. Sie stellte die kleine Dose auf den Ladentisch; sie knöpfte die Handschuhe wieder zu. Achtundzwanzig Guineen. Auch wenn man reich ist ... Ihr Blick verriet nichts. Über den Kopf des Inhabers hinweg starrte sie wie eine plumpe Henne auf einen plumpen Teekessel, und ihre Stimme klang träumerisch, als sie antwortete: »Nun ja, heben Sie die Dose für mich auf – ja? Ich …«

Aber der Händler hatte sich schon verneigt, als ob die Dose für sie aufzuheben das Höchste wäre, was ein menschliches Wesen erbitten könnte. Er wäre natürlich bereit, sie auf ewig für sie aufzuheben.

Die diskrete Tür schloss sich mit einem Klicken. Rosemary stand wieder draußen auf den Stufen und starrte in den winterlichen Nachmittag. Es regnete, und es schien, als käme mit dem Regen auch die Dunkelheit und rieselte wie feine Asche herab. Ein kalter, bitterer Geschmack hing in der Luft, und die eben angezündeten Lampen sahen traurig aus. Auch in den Häusern gegenüber waren die Lichter traurig. Sie brannten trübe, als bedauerten sie etwas. Und die Leute hasteten vorbei, unter abscheulichen Schirmen verborgen. Rosemary spürte einen merkwürdig stechenden Schmerz. Sie presste den Muff an die Brust; sie wünschte, sie hätte auch die kleine Dose, um sich daran festzuhalten. Selbstverständlich stand der Wagen da. Sie brauchte nur über den Bürgersteig zu gehen. Aber sie wartete noch. Es gibt Augenblicke im Leben, schreckliche Augenblicke, wenn man aus der Geborgenheit heraustritt und hinausschaut, und das ist einfach schrecklich. Man sollte ihnen nicht erliegen. Man sollte nach Hause gehen und einen besonders guten Tee trinken. Doch just bei dem Gedanken stand ein junges Mädchen, dünn, dunkel, schattenhaft – woher war sie nur gekommen? – dicht neben Rosemary, und eine Stimme hauchte, als seufzte, ja schluchzte sie beinahe: »Madam, dürfte ich Sie einen Augenblick sprechen?«

»Mich sprechen?« Rosemary wandte sich um. Sie sah ein kleines, ausgezehrtes Geschöpf mit riesigen Augen, ganz jung, nicht älter als sie, das mit geröteten Händen den Mantelkragen umkrampfte und zitterte, als wäre es gerade aus dem Wasser gekommen.

»M-madam«, stammelte die Stimme. »Würden Sie mir das Geld für eine Tasse Tee geben?«

»Eine Tasse Tee?« In der Stimme lag etwas Einfaches, Aufrichtiges; es war ganz und gar nicht die Stimme einer Bettlerin. »Dann haben Sie wohl überhaupt kein Geld?«, fragte Rosemary.

»Keins, Madam«, kam die Antwort.

»Wie merkwürdig!« Rosemary spähte durch die Dämmerung, und das Mädchen starrte sie ihrerseits an. Wie überaus merkwürdig! Und plötzlich kam es Rosemary wie ein Abenteuer vor. Wie aus einem Roman Dostojewskis, diese Begegnung mit der Dämmerung. Und wenn sie nun das Mädchen mit nach Hause nähme? Und wenn sie nun wirklich mal so etwas täte, wovon sie ständig las oder was sie dauernd auf der Bühne sah, was dann? Es wäre aufregend. Und zum Erstaunen ihrer Freunde hörte sie sich hinterher sagen: »Ich hab sie einfach mit nach Hause genommen«, als sie einen Schritt vortrat und zu der verschwommenen Gestalt neben sich sagte: »Kommen Sie mit zu mir nach Hause zum Tee.«

Das Mädchen wich erschrocken zurück. Sie hörte sogar für einen Augenblick zu zittern auf. Rosemary streckte eine Hand aus und berührte sie am Arm. »Ich meine das ganz im Ernst«, sagte sie lächelnd. Und sie spürte, wie einfach und freundlich ihr Lächeln war. »Warum wollen Sie denn nicht? Kommen Sie doch. Fahren Sie jetzt im Auto mit zu mir nach Hause zum Tee.«
»Das – das ist doch nicht Ihr Ernst, Madam«, sagte das Mädchen, und Schmerz schwang in ihrer Stimme.
»Aber ja!«, rief Rosemary. »Ich möchte, dass Sie mitkommen. Mir zuliebe. Kommen Sie nur!«

Das Mädchen legte die Finger an den Mund und verschlang Rosemary förmlich mit den Augen. »Sie – Sie – bringen mich nicht zur Polizei?«, stammelte sie.

»Zur Polizei!« Rosemary lachte laut auf. »Warum sollte ich denn so grausam sein? Nein, ich möchte Sie nur aufwärmen und – alles hören, was Sie mir erzählen wollen.«
Hungrige Menschen lassen sich leicht lenken. Der Diener hielt den Wagenschlag auf, und einen Augenblick später glitten sie durch die Dämmerung.

»Na also!«, sagte Rosemary. Ein Gefühl des Triumphs durchzog sie, als sie die Hand in den Samtgurt schob. Genauso gut hätte sie sagen können: Jetzt hab ich dich, als sie die kleine Gefangene betrachtete, die ihr ins Netz gegangen war. Aber sie meinte es natürlich freundlich. Sie würde dem Mädchen beweisen, dass – im Leben tatsächlich wunderbare Dinge geschahen, dass – es wirklich gute Feen gab, dass – reiche Leute ein Herz hatten und dass Frauen einander Schwestern waren. Impulsiv wandte sie sich dem Mädchen zu und sagte: »Sie brauchen keine Angst zu haben. Warum sollten Sie schließlich nicht mit zu mir kommen? Wir sind doch beide Frauen. Wenn ich die vom Glück Begünstigtere bin, sollten Sie erwarten …«

Aber zum Glück, denn sie wusste nicht, wie der Satz weitergehen sollte, hielt in dem Augenblick das Auto. Die Glocke wurde geläutet, die Tür ging auf, und mit einer bezaubernden, schützenden, beinahe umarmenden Gebärde zog Rosemary die andere in die Halle. Wärme, Weichheit, Licht, Wohlgeruch, all diese Dinge, die ihr so vertraut waren, dass sie nie auch nur einen Gedanken daran verschwendete, sah sie die andere in sich aufnehmen. Es war faszinierend. Sie glich dem reichen kleinen Mädchen im Kinderzimmer, wo es all die Schränke aufzumachen, all die Schachteln auszupacken gab.

»Rosemary, darf ich hereinkommen?« Es war Philip. »Natürlich.«

Er trat ein. »Oh, Verzeihung!«, sagte er und blieb mit großen Augen stehen.

»Schon gut«, erwiderte Rosemary lächelnd. »Das ist eine Bekannte, Miss –«
»Smith, Madam«, sagte die wohlig schlaffe Gestalt, die so sonderbar still und furchtlos war.

»Smith«, fuhr Rosemary fort. »Wir wollen ein wenig miteinander plaudern.«
»O ja«, sagte Philip, »freilich.« Und sein Blick fiel auf den Hut und den Mantel auf dem Fußboden. Er kam zum Feuer herüber und stellte sich mit dem Rücken dazu. »Ein grässlicher Nachmittag«, wagte er sich neugierig vor. Sein Blick hing noch immer an der reglosen Gestalt, schweifte über ihre Hände und Schuhe und kehrte dann zu Rosemary zurück.

»Ja, nicht wahr?«, sagte Rosemary voller Begeisterung. »Scheußlich.«

Philip lächelte sein gewinnendes Lächeln. »Eigentlich wollte ich dich für einen Augenblick in die Bibliothek bitten. Ja? Entschuldigen Sie uns einen Augenblick, Miss Smith? Die großen Augen waren auf ihn gerichtet, aber Rosemary antwortete für sie: »Aber selbstverständlich.« Und sie gingen miteinander aus dem Zimmer.

»Also«, sagte Philip, als sie allein waren. »Nun erklär mal. Wer ist sie? Was soll das Ganze heißen?«

Rosemary lehnte lachend an der Tür und erwiderte: »Ich hab sie in der Curzon Street aufgelesen. Wirklich. Sie ist eine richtige Zufallsbekanntschaft. Sie bat mich um Geld für eine Tasse Tee, und da hab ich sie eben mit nach Hause gebracht.«

»Aber was um alles in der Welt willst du mit ihr machen?«, rief Philip.

»Nett zu ihr sein«, antwortete Rosemary rasch. »Furchtbar nett zu ihr sein. Mich um sie kümmern. Ich weiß zwar nicht, wie. Wir haben noch nicht miteinander geredet. Aber ihr zeigen – sie behandeln – ihr das Gefühl geben –«

»Mein Schatz«, sagte Philip, »du bist ja verrückt. So geht das doch nicht.«

»Ich wusste, dass du das sagen würdest«, entgegnete Rosemary. »Warum denn nicht? Ich möchte aber. Ist das nicht ein Grund? Und außerdem liest man ständig von so etwas. Ich habe beschlossen –«

»Aber«, sagte Philip gedehnt, und er schnitt das Ende der Zigarre ab, »sie ist so sagenhaft hübsch.«

»Hübsch?« Rosemary war so erstaunt, dass sie errötete. »Findest du?« Das – das ist mir gar nicht aufgefallen.«

»Du lieber Gott!« Philip zündete ein Streichholz an. »Sie ist einfach entzückend. Sieh sie dir noch mal an, mein Kind. Mich hat es eben umgeworfen, als ich in dein Zimmer kam. Immerhin … Ich glaube, du bist im Begriff, einen schlimmen Fehler zu machen. Entschuldige, Liebling, wenn ich ungehobelt und all so was bin. Aber gib mir Bescheid, ob Miss Smith mit uns isst, damit ich rechtzeitig in The Milliner's Gazette nachsehen kann.«

»Du alberner Kerl!« Rosemary verließ die Bibliothek, ging aber nicht zurück in ihr Schlafzimmer, sondern in ihr Schreibzimmer und setzte sich an den Schreibtisch. Hübsch! Einfach entzückend! Hat ihn umgeworfen! Das Herz schlug ihr wie eine tonnenschwere Glocke. Hübsch! Entzückend! Sie zog das Scheckbuch zu sich heran. Aber nein, Schecks wären natürlich sinnlos. Sie öffnete ein Fach und nahm fünf Pfundnoten heraus, schaute sie an, legte zwei davon zurück und kehrte, die drei in der Hand zusammengepresst, in ihr Schlafzimmer zurück. Eine halbe Stunde später war Philip noch in der Bibliothek, als Rosemary hereinkam.

»Ich wollte dir nur sagen«, bemerkte sie, wieder an die Tür gelehnt, und sah ihn mit ihrem bestürzenden exotischen Blick an, »Miss Smith wird heute Abend nicht mit uns speisen.«

Philip legte die Zeitung weg. »Oh, was ist passiert? War wohl schon woanders eingeladen?«

Rosemary kam zu ihm herüber und setzte sich auf sein Knie. »Sie wollte unbedingt gehen, also hab ich dem armen kleinen Ding Geld gegeben. Ich konnte sie doch nicht gegen ihren Willen dabehalten, oder?«, setzte sie leise hinzu. Rosemary war frisch frisiert, hatte die Augen ein wenig nachgedunkelt und die Perlen umgelegt. Sie hob die Hände, strich Philip übers Gesicht. »Magst du mich?«, fragte sie, und ihre süße belegte Stimme bekümmerte ihn.

»Ich mag dich furchtbar sehr«, sagte er und drückte sie fester an sich. »Küss mich.«

Schweigen.

Dann sagte Rosemary träumerisch: »Ich hab heute eine hinreißende kleine Dose gesehen. Für achtundzwanzig Guineen. Krieg ich die?«

Philip ließ sie auf seinem Knie hopsen. »Ja, kleine Verschwenderin.«

Aber das war es eigentlich gar nicht, was Rosemary hatte sagen wollen.

»Philip«, flüsterte sie, und sie drückte seinen Kopf an ihre Brust, »bin ich hübsch?«

Auf, o Seele, du musst lernen,
ohne Sternen,
wenn das Wetter tobt und bricht,
wenn der Nächte schwarze Decken
uns erschrecken,
dir zu sein dein eigen Licht!

Christian Hoffmann von Hoffmannswaldau

SONNTAG

Rainer Maria Rilke

Das war ... das war ... an der Ostsee. Ich kam von einem frühen Morgengang. Der Wald um mich her war still, ganz still. Auch mein Schritt verklang auf dem weichen, habitbraunen Waldboden. Nur die Luft war voller Vogelsang. Schulterhohe Farren prahlten mit perligem Tauschmelz. Die steifen Stämme glühten, und ihre hohen Kronen schwankten lautlos her und hin, als wollten sie den weiten Himmel blank scheuern. Und der war doch so klar.

Jetzt tauchte das Dorf auf. Viel weißer waren die kleinen Häuser als sonst, und ihre moosbewimperten Augen, die Fenster, blinzten viel heller. Und der Kirchturm mit dem roten Zwiebeldach, drollig: Der sah aus wie ein stämmiger, kerngesunder Pausback. Drüben die Straße schimmerkiesig, und die Meilensteine, an ihrem Ranfte im Grünen, wie Kinder im Hemdchen, die knien und beten! Nicht? Beten, ja! Dank beten.

Ich ging durch die Gassen. Hart vor mir war der Morgen hier gegangen. Ich sah seine goldene Sohlenspur. Rechts bald, bald links hinter hellgrünen Latten standen sonnenhaarige Mädchen. Sie sangen und schnitten Rosen, sich damit zu schmücken. Wir lachten und nickten uns zu. Und aus den Fenstern lugten freundliche, uralte Mütterchen zum Himmel hinauf mit lichtmatten, aber lachenden Augen. Kinder standen im Hemde am Türpfosten. Sie klatschten in die Hände, und ihre beiden pfirsichroten Backen waren voll Sonntagskuchen …

Dann stand ich am Meer. Das Meer war wie violenblauer, schwerer Atlas. Ein winziges, ockergelbes Segel sonnte weit draußen, und am Horizont zog wie ein silberweißer Schwan der große Rügendampfer …

Ich staunte hinaus in die flimmernde Pracht. Wie ein Kind, das ein schönes Spielzeug erhalten hat, hätte ich alle rufen mögen, die mir lieb sind: »Kommt und seht, ist das nicht herrlich?!«

Dabei war meine Brust voll Jubel und Lachen.

Ein brauner, alter Fischer kam just des Wegs. Ich eilte hinzu und drückte seine schwielenharte Hand, dass es mich schmerzte …

Ja, das war an der Ostsee. Hab damals übrigens fleißig Tagebuch geführt. An diesem Tage schrieb ich in mein Heft: »Ein Sonntag …!« Kein Wort mehr.

Niemand kann dir
die Tänze nehmen,
die du schon getanzt hast.

Gabriel García Márquez

AM TURME

Annette von Droste-Hülshoff

Ich steh auf hohem Balkone am Turm,
umstrichen vom schreienden Stare,
und lass gleich einer Mänade den Sturm
mir wühlen im flatternden Haare;
o wilder Geselle, o toller Fant,
ich möchte dich kräftig umschlingen
und, Sehne an Sehne, zwei Schritte vom Rand
auf Tod und Leben dann ringen!

Und drunten seh ich am Strand, so frisch
wie spielende Doggen, die Wellen
sich tummeln rings mit Geklaff und Gezisch
und glänzende Flocken schnellen.
O, springen möcht ich hinein alsbald
recht in die tobende Meute
und jagen durch den korallenen Wald
das Walross, die lustige Beute!

Und drüben seh ich ein Wimpel wehn
so keck wie eine Standarte,
seh auf und nieder den Kiel sich drehn
von meiner luftigen Warte;
o, sitzen möcht ich im kämpfenden Schiff,
das Steuerruder ergreifen
und zischend über das brandende Riff
wie eine Seemöve streifen.

Wär ich ein Jäger auf freier Flur,
ein Stück nur von einem Soldaten,
wär ich ein Mann doch mindestens nur,
so würde der Himmel mir raten;
nun muss ich sitzen so fein und klar,
gleich einem artigen Kinde,
und darf nur heimlich lösen mein Haar
und lassen es flattern im Winde!

DAS MÄRCHEN MEINES LEBENS

Hans Christian Andersen

Mein Leben ist ein schönes Märchen, so reich, so überaus glücklich! Wäre mir, als ich, ein Knabe noch, arm und allein in die Welt hinausging, eine mächtige Fee begegnet und hätte sie mir gesagt: »Wähle deine Bahn und dein Ziel, und je nach deiner geistigen Entwickelung und wie es vernünftigerweise in dieser Welt zugehen muss, will ich dich schützen und führen!« – mein Geschick hätte nicht glücklicher, klüger und besser geleitet werden können, als dies geschehen ist. (…)

Während der letzten Jahre hatte ich alle die Schillinge, die ich bei verschiedenen Gelegenheiten erhielt, zu einer Summe zusammengespart, und als ich sie nachzählte, hatte ich dreizehn Reichstaler, ich fühlte mich überwältigt durch den Besitz eines so großen Reichtums, und da meine Mutter nun aufs Bestimmteste daran festhielt, dass ich in die Schneiderlehre gegeben werden sollte, so bat und quälte ich sie, mich doch lieber mein Glück versuchen und nach Kopenhagen reisen zu lassen, welches mir damals die größte Stadt der Welt schien.

»Was soll dort aus dir werden?«, fragte meine Mutter. »Ich will berühmt werden!«, antwortete ich und erzählte ihr, was ich von großen Männern gelesen hatte, die in Armut geboren waren. Es war ein ganz unerklärlicher Trieb, der sich meiner bemächtigt hatte. Ich weinte, ich bat, und endlich gab meine Mutter nach, ließ aber doch erst eine alte, sogenannte »kluge Frau« herbeiholen und diese das Schicksal meiner Zukunft aus Karten und Kaffee wahrsagen. »Euer Sohn wird ein großer Mann!«, sagte die Alte, »ihm zu Ehren wird einst die Stadt Odense illuminiert werden!« Meine Mutter weinte, als sie das hörte, und hatte nun nichts dagegen, dass ich nach Kopenhagen reiste.

Am Montagmorgen, dem sechsten September 1819, erblickte ich von dem Friedrichsberger Schlosshügel aus zum ersten Male Kopenhagen; da draußen stieg ich mit meinem kleinen Bündel vom Wagen herab und schritt durch den Garten, die lange Allee und die Vorstadt in die Stadt hinein. Meine erste Wanderung in die Stadt war nach dem Theater, ich umschritt es zu wiederholten Malen, schaute die Mauern hinan und betrachtete das ganze Gebäude als eine Heimat, die mir noch nicht erschlossen war. Nun begab ich mich zum Theaterchef, Kammerherr von Holstein, um Anstellung zu suchen; er sah mich an und sagte, ich sei zu mager fürs Theater. »O«, antwortete ich, »wenn ich nur mit hundert Reichstaler Gage angestellt werden könnte, würde ich schon fett werden!« Der Kammerherr wies mich ernstlich ab und fügte hinzu, dass man nur Menschen engagiere, die Bildung hätten.

Innig betrübt, stand ich nun da; ich hatte keinen Menschen, der mir Trost und Rat spendete; da dachte ich daran, sterben zu wollen als das Beste für mich, und meine Gedanken flogen zu Gott mit der ganzen Zuversicht eines Kindes zu seinem Vater; ich weinte mich recht aus und sagte dann zu mir selbst: „Wenn erst alles recht unglücklich geht, dann sendet er Hülfe, das habe ich gelesen; man muss viel leiden, und dann kommt man zu etwas!« – Ich ging nun hin und kaufte mir ein Galeriebillet zu dem Singspiel »Paul und Virginie«. Die Trennung der Liebenden ergriff mich in dem Grade, dass ich in heftiges Weinen ausbrach; ein paar Frauen, die neben mir saßen, trösteten mich aufs Beste und sagten, es sei nur Komödie und habe gar nichts zu bedeuten, die eine gab mir sogar ein großes Stück Butterbrot, das mit Wurst belegt war. Wir saßen da so recht gemütlich beisammen; ich hegte das größte Zutrauen zu allen Menschen, und daher erzählte ich ihnen ganz offenherzig nun in der Galerie-Loge, in der wir waren, dass es eigentlich nicht um Paul und Virginie sei, weshalb ich weine, sondern weil ich das Theater als meine Virginie betrachtete, und dass ich, müsste ich mich von demselben trennen, ebenso unglücklich werden würde wie Paul. Sie sahen mich an, es schien, als verständen sie mich nicht, und ich erzählte ihnen nun, weshalb ich nach Kopenhagen gekommen und wie einsam ich war – und die Frau gab mir noch mehr Butterbrot, Obst und Kuchen.

Geh deinen Weg
und lass die Leute reden.

Dante Alighieri

FRANKENSTEIN

Mary Shelley

Ich, das älteste Kind, bin in Neapel zur Welt gekommen, und schon als kleiner Bursche begleitete ich meine Eltern auf ihren Streifzügen. Mehrere Jahre blieb ich ihr einziges Kind. Sie hingen sehr aneinander, und diese Innigkeit war zugleich ein reicher Quell der Liebe für mich. Die Liebkosungen meiner Mutter und das Lächeln meines Vaters, wenn er mir voller Glück zusah, sind meine ersten Erinnerungen. Ich war ihr kleines Spielzeug, aber auch Gegenstand ihrer Anbetung. Vor allem aber war ich ihr Kind, also das unschuldige und hilflose Wesen, das ihnen der Himmel geschenkt hatte, und dessen Wohl oder Wehe in ihren Händen lag. Sie wussten also, welche Verantwortung sie mir gegenüber hatten, und wenn man das noch zu der zärtlichen Liebe, von der beide ohnehin beseelt waren, hinzugibt, lässt sich leicht verstehen, mit wie viel Milde, Nachsicht und Geduld ich erzogen wurde und dass meine ganze Kindheit einer Reihe von Freuden glich. [...] Als mein Bruder auf die Welt kam, sieben Jahre nach mir, gaben meine Eltern ihr Wanderleben ganz auf und siedelten sich in ihrer Heimat an. Wir besaßen ein Haus in Genf und ein Landhaus in Belrive, am östlichen Seeufer, einige Meilen von der

Stadt entfernt. Hier verbrachten wir die meiste Zeit und führten ein recht abgeschiedenes Leben. Mir kam das entgegen. Menschenmengen mochte ich nicht, ich fühlte mich im kleinen vertrauten Kreis wohler. Auch meine Schulkameraden interessierten mich nicht sehr, nur einer war darunter, mit dem ich eine enge Freundschaft einging. Henry Clerval war der Sohn eines Genfer Kaufmanns. Er war außerordentlich begabt und hatte eine lebhafte Fantasie. Er war abenteuerlustig und scheute weder Entbehrung noch Gefahr. Er las sehr viel, dichtete Heldensänge und schrieb so manche Zauber- oder Rittergeschichte. Er wollte, dass wir uns verkleideten und Theaterstücke aufführten, in denen es um die Kämpfe in Roncesvalles, die Tafelrunde des Königs Artus und die tapferen Kreuzfahrer ging, die ihr Blut vergossen, um das Heilige Grab aus den Händen der Ungläubigen zu befreien.

Niemand hat wohl eine glücklichere Kindheit verbracht als ich. Meine Eltern waren so liebevoll und sahen uns alles nach. Für uns waren sie keine Tyrannen, die uns nach ihren eigenen Launen lenkten, sondern diejenigen, die dafür sorgten, dass es uns gut ging und dass wir unseren Spaß hatten. Wenn ich mit anderen Familien zusammenkam, wurde mir umso mehr bewusst, wie viel Glück ich hatte, und diese Dankbarkeit machte die Liebe zu meinen Eltern noch größer.

Ich neigte zu gelegentlichen Temperamentausbrüchen und heftigen Gemütsbewegungen. Diese befeuerten allerdings nicht das kindliche Spiel, sondern einzig und allein meinen ungeheuren Wissensdrang, der sich aber auch nicht unterschiedslos auf alles erstreckte. Ich gestehe, dass ich weder Sprachen noch Rechtskunde oder Politik viel abgewinnen konnte. Die Geheimnisse des Himmels und der Erde wollte ich kennenlernen, und ob ich mich nun mit der äußeren Form der Dinge beschäftigte oder mit dem inneren Wesen von Natur oder Mensch, immer war meine Sehnsucht entweder aufs Metaphysische oder auf die Ursprünge, Hintergründe und Gesetze der physisch wahrnehmbaren Welt gerichtet.

Ich erinnere mich sehr gerne an diese Zeit zurück, als alles noch ungetrübt war und ich mich den herrlichsten Visionen hingab, statt wie später in düsteren Grübeleien zu versinken. Und doch deuten sich in der Geschichte meiner Jugend schon die Geschehnisse an, die, wenn auch langsam und unmerklich, zu meinem späteren Schicksal führten.

Was, glaubst du, ist mir die wahrste Freude
unten am Meer – der wilde, heftige Sturm der Wellen,
das schäumende Wüten der
ineinanderstrudelnden Wasser,
die grausame salzige Gischt, die mir
ins Gesicht bläst und schlägt.
Nassgrauer Sand auf geraden Wegen, die in
die Ferne und Weite führen
und mit keiner Spur verraten, wo eines
Menschen Fuß auftrat,
bis nur der Himmel droben sich im Spiegel beäugt
und die fliegenden Wolken stumm schreiend sich
schaudernd betrachten …
Das Lied des Winds, wenn ich meine Arme ausbreite,
ihn zu empfangen,
ja, das ist mir wahre Freude.

Katherine Mansfield

HYPERION

Friedrich Hölderlin

Hyperion an Bellarmin

Ich lebe jetzt auf der Insel des Ajax, der teuern Salamis. Ich liebe dies Griechenland überall. Es trägt die Farbe meines Herzens. Wohin man siehet, liegt eine Freude begraben.

Und doch ist so viel Liebliches und Großes auch um einen. Auf dem Vorgebirge hab ich mir eine Hütte gebaut von Mastixzweigen, und Moos und Bäume herumgepflanzt und Thymian und allerlei Sträuche. Da hab ich meine liebsten Stunden, da sitz ich Abende lang und sehe nach Attika hinüber, bis endlich mein Herz zu hoch mir klopft; dann nehm ich mein Werkzeug, gehe hinab an die Bucht und fange mir Fische. [...]

Oder schau ich aufs Meer hinaus und überdenke mein Leben, sein Steigen und Sinken, seine Seligkeit und seine Trauer und meine Vergangenheit lautet mir oft, wie ein Saitenspiel, wo der Meister alle Töne durchläuft, und Streit und Einklang mit verborgener Ordnung untereinanderwirft. Heut ist's dreifach schön hier oben. Zwei freundliche Regentage haben die Luft und die lebensmüde Erde gekühlt.

Der Boden ist grüner geworden, offner das Feld. Unendlich steht, mit der freudigen Kornblume gemischt, der goldene Weizen da, und licht und heiter steigen tausend hoffnungsvolle Gipfel aus der Tiefe des Hains. Zart und groß durchirret den Raum jede Linie der Fernen; wie Stufen gehn die Berge bis zur Sonne unaufhörlich hintereinander hinauf. Der ganze Himmel ist rein. Das weiße Licht ist nur über den Äther gehaucht, und, wie ein silbern Wölkchen, wallt der schüchterne Mond am hellen Tage vorüber.

Mir ist lange nicht gewesen, wie jetzt.

Wie Jupiters Adler dem Gesange der Musen, lausch ich dem wunderbaren unendlichen Wohllaut in mir. Unangefochten an Sinn und Seele, stark und fröhlich, mit lächelndem Ernste, spiel ich im Geiste mit dem Schicksal und den drei Schwestern, den heiligen Parzen. Voll göttlicher Jugend frohlockt mein ganzes Wesen über sich selbst, über Alles. Wie der Sternenhimmel, bin ich still und bewegt.

Man muss den Mut haben,
glücklich zu sein.

Gertrude Stein

MAUERBLÜMCHEN

Frida Schanz

Mauerblümchen – das klingt so wehmütig, nach Vergessen- und Verlassensein, nach Darben und Sehnen. Man sieht bleiche, farblose Blüten dabei vor Augen, die niemand zum Strauße pflückt, oder auch wohl ein armes, junges Ding, nicht hold, nicht schön, von keinem begehrt, ganz allein, während alles ringsumher lacht und scherzt und sich der seligen Jugend freut.

Das Mauerblümchen, von dem ich heute erzählen will, wurde Viola getauft, aber als einziges Schwesterchen von vier älteren Brüdern einfach Mädi genannt.

Dass Mädi mit sechzehn Jahren schon auf einen Ball kam, war eigentlich ganz gegen die Grundsätze ihrer einfachen Erziehung. Aber Mädi tat den Eltern leid. Sie hatte eben mit einem heißen jungen Wunsch auf eine rührende, heldenhafte Weise für immer abgeschlossen. In Mädi steckte ein Stückchen Künstlergenie; man sah es dem schlichten, bescheidenen Kinde gar nicht an, aber viele Hunderte von kleinen reizenden Bleistiftskizzen, Momentbildchen voll scharfer und klarer Charakteristik, voll kluger und lieblicher Auffassung, die in allen Heften, in allen Mappen und Büchern Mädis zu finden waren, sprachen dafür. Der Zeichenlehrer der Fortbildungsschule hatte es auch gesagt, er hatte Mädis Eltern ernst beschworen, dies reizende Talent ausbilden zu lassen – aber ein armer Unterlehrer, dem die Zukunft von vier Söhnen zu sichern obliegt, fühlt leider bei jedem Sprung seiner Wünsche gar schmerzhaft den strengen Zügel der Not. Wie hätte man eine lange künstlerische Ausbildung für Mädi bestreiten sollen?

Mitte März kam die Einladung von Tante Jettchen nach Kurzstädt zum Kasinoball. Ein Ball – solch ein leuchtender Saal voll Schönheit, Leben und Fröhlichkeit –, das war der kleinen Künstlerin immer als etwas berauschend Reizendes erschienen.

Tante Jettchen war des Vaters ältere Schwester, welche an einen noch viel älteren Gatten, einen nunmehr pensionierten höheren Steuerbeamten verheiratet war.

Leider wurde die Tante krank, ehe der Ballabend kam, Mädi sollte also ihre ersten Balllorbeeren unter Onkel Ernsts Obhut ernten.

Lange vor Beginn des Balles betrat die schlanke Kleine an seinem Arm den fast noch menschenleeren Kasinosaal. Es war ein Augenblick großer Ernüchterung für sie. Sie wollte gern gleich im ersten Augenblick volle Stimmung empfangen, sie wollte sich fortreißen lassen von Klang und Glanz und Fröhlichkeit. – Stattdessen nun des guten Onkels umständliches Umhersuchen in dem leeren Raum nach einem passenden Platz!

Endlich flammten die Lampenlichter auf und der Saal begann sich zu füllen.

Als ein rauschender Tonwirbel die Polonaise begann, ohne dass sie zu derselben aufgefordert worden, war sie tief erschrocken. Sie war an Beschämung und Zurücksetzung im Grunde nicht gewöhnt und kam sich den dicht an ihr vorüberschreitenden Tanzpaaren gegenüber wie gebrandmarkt vor. Bald aber begann sie sich zu trösten; sie trug ihr Schicksal nicht allein. Mindestens zwölf weiße, rosige, rote und lichtblaue Mauerblumen schmückten außer ihr die Wände des Saals.

Dafür waren sie auch die Ersten, die beim darauffolgenden Rundtanz engagiert wurden. Die Söhne der Stadt schienen von äußerstem Gerechtigkeitsgefühl beseelt zu sein. Nun musste auch Mädi endlich erlöst werden! – Ein himmlischer Walzer brauste durch den Saal. Schon flogen die ersten Paare dahin; Mädis Füßchen zuckten. Sah man sie denn wirklich nicht auf ihrem verlorenen Posten?

Aber auch dieser Tanz, ja, auch der nächste ging zu Ende – niemand forderte Mädi auf.

Mädi sah sich ganz ängstlich um. Tief erglühend schlug sie gleich danach die Augen nieder. Ein lachender heller

Blick, dem man das höchste Wohlgefallen an dem Humor der Situation ansah, war über sie weggeglitten. Oder galt dieses vertraulich-schelmische Anstarren gar nicht ihr?

Wie flüchtig ihr scheuer Blick nach der gefürchteten Seite glitt, die hellen scharfen Augen da drüben fingen ihn, wie ein erwartetes Spielzeug, übermütig leuchtend auf. Es war kein Zweifel, jener lange blonde Mensch, in dem etwas genial nachlässigen Gesellschaftsanzug, lehnte nur an der Säule in Mädis Nähe, um sich an der schmerzlichen Demütigung des armen fremden Kindes zu weiden.

Wie ein heißer Strom drängte der armen Mädi alles Blut zum Herzen. Ein gerechter, ehrlicher Ärger flammte in ihr auf; – und doch begann sich gleich darauf die stürmische Flut wieder zu glätten. – »Vielleicht spottet er meiner gar nicht, vielleicht will er mit mir tanzen!«, dachte sie. »Ach, nur ein einziges Mal im Saale herumtanzen, der ganzen unfreundlichen Gesellschaft zum Trotz.«

Ach, wozu musste sie denn noch länger hier am Marterpfahl schmachten? Der Onkel würde ihre flehenden Blicke um baldige Heimkehr doch nicht verstehen. Mochte er sich nicht stören lassen. Sie konnte oben in der Damengarderobe harren, bis er Lust bekam, nach Hause zu gehen. Und aufatmend sitzt sie ein paar Minuten später zwischen Mänteln und Schals in einem kleinen, wohlig durchheizten Saal, an die Bretterwand, die Herren- und Damengarderobe scheidet, gelehnt, die gefalteten Hände im Schoße.

Lange, lange sitzt das Mauerblümchen still und träumt, und während sie träumt, wird sie heiterer und heiterer.

Unwillkürlich lässt sie das scharf gespitzte Bleistiftchen, das sie während des ganzen Abends mit ihren Künstleraugen geliebkost hat, über die weißen, leeren Blätter ihres Tanzbüchelchens gleiten. Flott und zart umrissen, dabei wunderbar scharf und doch liebenswürdig charakterisiert, treten die Typen des heutigen Abends auf der Papierfläche hervor.

Mit sich und der Welt ausgesöhnt, lässt sie, als der Raum des winzigen Zeichenbuchs erschöpft ist, das abgestumpfte Stiftchen sinken. Sie ist in entzückender Laune, am liebsten möchte sie singen. Hier hört es ja niemand, und die Melodie: »'s ist nix auf der Welt, 's ist nix auf der Welt«, drängt förmlich unwiderstehlich in ihr zum schalkhaft-entsagungsvollen Ausdruck.

Leise, mit erstaunlicher Kunstfertigkeit, pfeift sie das Liedchen zu Ende. Dann kommt »Verlassen – verlassen« und darauf, recht übermütig, der »liebe Augustin«.

Im Nebenraum muss irgendein gefühlvoller Kleiderhüter ihre Kunst zu schätzen wissen. Ein Echo, leise wie ein Hauch, antwortete schon ein paar Mal ihren bubenhaften Musikleistungen. Das macht ihr ungeheuren Spaß. Extra diesem bescheidenen Lauscher zuliebe gibt sie nun noch »Muss i denn, muss i denn zum Städtele hinaus« zum Besten; das Echo pfeift vom zweiten Vers an mit.

Mädi hat sich lange nicht so gut amüsiert wie in dieser Stunde. Nach Schluss dieses gemeinsamen Vortrags klatscht sie leise in die Hände.

»Noch eins?«, fragt jetzt eine bescheiden bittende Stimme jenseits der Wand.

»Warum nicht?«, gibt sie aufs Höchste belustigt zurück.

»Können Sie: ›Ich schoss den Hirsch im wilden Forst?‹«, fragt sie den unsichtbaren Nachbarn.

Dieser stimmt gleich selbst den ersten Vers dieses schönen Liedes an. Einen solchen Partner im Pfeifen zu finden, hätte Mädi sich niemals träumen lassen. »Wer sind Sie da drüben denn eigentlich, Sie Musikgenie?«, fragt sie.

»Ich werde mir gleich erlauben, mich Ihnen vorzustellen«, klingt es herüber. Gleich darauf hört sie eilige, sich entfernende Schritte. Offenbar nähert sich der Unglücksmensch der Ausgangstür, um über den Korridor weg in die Damengarderobe zu gelangen. Die improvisierte Bretterwand hat keine Verbindungstür. – Mädi bleibt nun nichts übrig, als an eilige Flucht zu denken. Sie wird sich hüten und sich von dem anmaßenden Menschen finden lassen! Das wäre ein abgeschmacktes Ende des hübschen, harmlosen Spaßes.

In der Mitte der einen Längswand des Saales befindet sich eine niedere Tür, die wahrscheinlich nach irgendeinem unbenutzten Raum des Kasinogebäudes führt. Da kann sie ein paar Augenblicke warten, bis der musikalische Jüngling nach erfolgloser Entdeckungsreise auf seinen Posten zurückgekehrt ist.

Welch eine Überraschung! Der Raum ist von allen hundertfünfundzwanzig Gasflammen des großen Ballkronleuchters erhellt. Es ist ein leerer Tribünensaal mit Brüstung, von der aus man das ganze bunte Treiben der Tanzgesellschaft von hoch oben beobachten kann. Mädi weidet sich, auf den Fußspitzchen wippend, mit lustigen Augen an ihrer neuesten Entdeckung.

»Ach, so habe ich mich doch nicht geirrt«, ruft es da plötzlich neben ihr. »Sie sind es, gnädiges Fräulein, die mich kennenzulernen wünschte!«

Mädis lustiges Köpfchen fährt erbleichend nach der Seite herum. Eine zweite Tür in der langen Saalwand hat sich geöffnet, und eine elegant-nachlässige Herrenerscheinung – lang, blond, schwarzen Klemmer über der fein gebogenen Nase – alles in allem durchaus nicht zu verkennen – taucht, sich tief verbeugend, vor den erschrockenen Mädchenaugen auf.

Er hier!, der fatale Zeuge ihrer kaum verwundenen, schmachvollen Ballniederlage! Und er war am Ende gar ihr Partner von jenseits der Bretterwand!?

»Ich verstehe Sie nicht! Wirklich nicht!«, haucht sie.

»Aber, mein bestes Fräulein, was ist da überhaupt misszuverstehen?«, lacht der blonde Mensch mit dem natürlichsten Ton von der Welt. »Wir haben eben noch entzückend zusammen gepfiffen, und nun wünschten Sie den bescheidenen Genossen und großen Bewunderer Ihrer seltenen Gabe in persona kennenzulernen. Ich gestehe, willkommener ist mir noch gar kein Wunsch einer Dame gewesen. Ich ahnte nämlich bereits ... Doch kurz und gut: Mein Name ist Erhard Freyer, Stand und Eigenschaft Maler. Ich wollte mir schon unten im Ballsaal die Ehre geben, mich Ihnen vorstellen zu lassen. Leider ... Sie haben es wohl gemerkt.«

»Dass Sie sich eines andern besannen – ja!«, entfährt es Mädi.

»Besinnen mussten!«, seufzt er. »Ich war so unglücklich darüber wie nur je im Leben. Ich habe manchmal wirklich Pech. Und das Schlimmste ist, dass ich Ihnen den Grund gar nicht sagen kann.«

»Ich will ihn auch wirklich gar nicht wissen«, versicherte Mädi.

»Im Grunde ist es ja nichts Schlimmes, Sie werden mich nur furchtbar auslachen«, fährt er in seiner ungenierten Weise fort. »Mein Schuster behauptet, ich hätte einen sehr kleinen Fuß. Und um diesen Fuß noch kleiner erscheinen zu lassen, macht er mir meine Ballschuhe nach einer närrischen neuen Fasson.«

»Das geht mich doch wirklich nichts an«, sagten Mädis abweisende Blicke.

»Und so eng – gnädiges Fräulein, dass das dünne, starre Leder einfach aus Empörung reißt! Ich merkte es schon, als ich in den Saal trat, und stand deshalb eine halbe Stunde an einer Säule Wache. Zuletzt wollte ich doch einen Versuch wagen. Der Wunsch, einen Tanz von Ihnen zu erlangen, war unwiderstehlich. Drei Schritte in Ihrer Richtung – da klaffte die zarte Wunde zum fürchterlichen Riss auseinander. Ja, lachen Sie nur, mein Fräulein! Sehen Sie, Sie sahen mir gleich aus, als müssten Sie Sinn haben für Humor. Nein, wie mich das freut, dass Ihnen die Sache solchen Spaß macht.«

Mädi lachte in der Tat zum Herzerfreuen. »Und Sie wohnen hier«, fragte Mädi, »als Maler?«

»Wo denken Sie hin! Berlin, Berlin, weiter gibt's jetzt eigentlich gar keine Stadt für unsereinen! Ich bin nur hier, um ein Altarbild in der Lutherkirche aufzustellen. Aus ganz praktischen Gründen verirrte ich mich auf diesen Ball. Ich habe daheim eine lustige Kleinstadtgeschichte zu illustrieren.«

Das interessierte nun Mädi über alle Maßen. Das war so recht ihre Welt! Das musste ein wonniges Leben sein, das er führte!

»Wissen Sie auch, dass wir zur großen Tafel wieder unter die sterblichen Menschen heruntersteigen müssen, mein Fräulein? Ihr Herr Onkel wird Sie natürlich suchen. Und darf ich dann wohl die Ehre haben, Sie zu Tisch zu führen? Und den sogenannten Tischwalzer schenken Sie mir auch aus freundlicher Gnade? Ja? Ich muss freilich in diesen gar nicht ballfähigen Straßenstiefletten tanzen. Darf ich gleich meinen Raub in Ihr Tanzbüchelchen eintragen?«

Mädi besann sich zu spät, dass ihr Tanzbuch längst für seinen eigentlichen Zweck verdorben war. Ein ganz kinderhaft lauter Freudenruf ihres jungen Genossen ließ sie erschrocken auf das in dessen Händen befindliche Corpus Delicti blicken. Herr Freyer sah sie an, verwundert, strahlend, als sähe er sie zum ersten Mal.

»Das ist ja unerhört! Das haben Sie doch nicht gezeichnet?«

»Ja! Nein! Geben Sie doch her!«

»Wahrhaftig hier mein Porträt! Das beste bis jetzt existierende! Und das haben Sie nur so in der Eile hingeworfen?«

»Ja, wer sonst? Machen Sie doch kein Aufheben davon!«

»Gnädiges Fräulein – das ist ja kaum denkbar! Sie sind ein Genie, wissen Sie das? Nein, diese gute Laune, dieser sichere Strich! Wo studieren Sie denn? Wer hat Ihnen denn diese entzückende Manier beigebracht?«

»Lieber Gott, eigentlich niemand!« – Mädi erzählte die ganze kleine Schmerzensgeschichte ihrer Kunst.

»I, keine Spur! Sie haben eine große Zukunft vor sich! Warten Sie nur, das Glück kommt über Nacht. Sie müssen mir einen großen, großen Gefallen tun! Seien Sie gut, liebes Fräulein, schenken Sie mir zur Erinnerung an diesen netten Abend dieses kleine Buch! Ich möchte gern Ihr Selbstporträt einmal meiner Mutter zeigen!«

Mädi hatte keinen Grund, die Tanzkarte ihres ersten Balles als besondere Trophäe in ihrem Erinnerungskästchen aufzubewahren. Sie hat dieselbe dem fröhlichen Jünger ihrer lieben Kunst ziemlich leichtherzig geschenkt.

Eine Tanzkarte war ihr übrigens auch für den zweiten Teil des Balles, der weniger traurig als der erste verlief, nicht nötig. Die Reihenfolge ihrer Tänzer konnte sie sich für ihr ganzes Leben aus dem Kopfe merken. Sie tanzte den Tischwalzer mit ihrem neuen Freund, während des nächsten Tanzes saß sie plaudernd an seiner Seite, dann tanzten sie wieder zusammen, dann schwatzten sie, und so fort, viele fröhliche Stunden hindurch. Herr Freyer forderte Mädi schließlich im vollen Ernste auf, ihm bei seinen Kleinstadtillustrationen zu helfen. Der Titel des Werkchens sollte dann ihre beiden Namen tragen. Ob ihr das recht sei?

Ja, ob es ihr recht sei! Aber was würden ihre Eltern dazu sagen? Als Seminarschülerin lustige Bücher illustrieren?

Herr Freyer schien ein furchtbar leichtsinniger Mensch zu sein. Alle Einwände reizten ihn nur zum Lachen. Mit den Eltern wollte er sich schon verständigen; er wollte die Sache schon in die Hand nehmen.

»Als ob das so leicht wäre!«, seufzte sie.

Aber er hat es doch fertiggebracht! Ein paar Tage lang nach ihrer Rückkehr kam an den Herrn Bürgerschullehrer Vollmann ein Brief von einer gütigen Frau, die sich Johanna Freyer unterschrieb. Dieselbe schwärmte von den reizenden Skizzen in einem gewissen Tanzbuch, das ihr Sohn ihr gezeigt. Sie mache den Eltern dieses begabten Kindes einen Vorschlag: Viola solle sich im Atelier ihres Gatten zur Künstlerin ausbilden, derselbe nehme die Aufgabe mit Freuden in die Hand. Wohnen und leben aber solle die junge Kunstschülerin bei ihr; sie habe sich solch ein liebes und strebsames Pflegetöchterchen längst gewünscht. Ob mit diesem Vorschlag wohl alle Teile zufrieden seien? Sie hoffe es von Herzen und ihr Sohn, der seine junge Kollegin respektvoll grüße, mit ihr.

Mädi zog nach Berlin, einer wundervollen Studienzeit, einer glücklichen Zukunft entgegen.

Hat nicht jemand den Namen Viola Vollmann auf vortrefflichen Genrebildern, unter geistvollen, flotten Illustrationen schon mehrfach gesehen?

Schon seit ein paar Jahren schreibt sich die Künstlerin freilich Vollmann-Freyer. Wenn sie auch auf ihrem ersten Ball verschmäht und übersehen wurde – im Leben ist mein Mauerblümchen nicht sitzen geblieben!

Du möchtest noch mehr von uns kennenlernen?

In einigen Fällen war es nicht möglich, für den Abdruck der Texte die Rechteinhaber:innen zu ermitteln. Honoraransprüche der Autor:innen, Verlage und ihrer Rechtsnachfolger:innen bleiben gewahrt.

Gestaltung Cover und Layoutkonzept:
Miriam Strobach, Le Foodink
Satz: Helene Hillebrand
Bildnachweis: Floral Graphics by likorbut,
Creative Market

ISBN 978-3-8458-5788-6

www.arsedition.de